I0712017

FRACCIONAMIENTO
vs.
CONDOMINIO

¿Dónde prefieres vivir?

FRACCIONAMIENTO vs. CONDOMINIO

¿Dónde prefieres vivir?

LIC. COSME SANTOVEÑA VELÁZQUEZ

DEDICATORIA

Quiero dedicar este libro, a todos los colegas mexicanos, que día a día nos esforzamos por trabajar arduamente y aportamos un granito de arena, y mucho tiempo en los FRACCIONAMIENTOS O CONDOMINIOS, para mejorar nuestro querido México.

Espero les guste.

ÍNDICE

Antes que nada, quiero agradecer nuevamente a Dios por darme todos los elementos y experiencias necesarias para poder llegar a escribir este otro libro que desde hace muchos años también estaba pendiente, y apenas hasta ahora lo pude realizar.

Agradecer también a toda mi familia, que siempre me apoya y me motiva a seguir adelante.

Agradecer también a mi mejor amigo Tay, que me apoyó en uno de los momentos más difíciles de mi vida. GRACIAS AMIGO.

GRACIAS A TODOS

Te ha pasado que cuando llegas de visita a un lugar donde tenías rato de no haber ido, de repente dices …WOOOOW, como ha crecido este pueblito, antes no estaba así, me acuerdo que no estaba esta calle, ni este centro comercial, tampoco había tantas casas, ni edificios, y tampoco estaban estas chicas.

Pues en todo el mundo seguimos creciendo a un ritmo acelerado, y México no es la excepción, muchas personas se quieren independizar todos los días, se quieren salir de la casa de sus padres, de sus abuelos, de la casa del tío, del suegro, etc.

Pero cuando ya se sienten bien seguros, de repente se animan a independizarse, empiezan a buscar, y de repente les surgen un buen de preguntas como: ¿Debo vivir en casa o en departamento?, ¿En la ciudad o en el campo?, ¿En fraccionamiento o en condominio?, ¿Debo construir mi propia casa o la compro ya construida?, ¿ejido o propiedad privada?, y otras preguntas que analizaremos, y que desconocemos cuando somos nuevos en esta materia.

(algunos después de analizar estas preguntas, todavía se quedan otros añitos más en la casa de los padres, para analizar bien la situación).

Actualmente en México hay varias figuras en las que podemos clasificar el lugar donde se encuentran las viviendas, pero hay dos en específico que están teniendo más impacto en el mercado inmobiliario principalmente, y son: el fraccionamiento y condominio.

Cuando fui delegado municipal "autoridad auxiliar" en mi comunidad (era un fraccionamiento bonito), pude observar que mis vecinos tenían muchas dudas de todo lo que pasaba a su alrededor, (todos ponían cara de ¿What? cuando les respondía) por ejemplo:

Un día un vecino se me acercó y me dijo, che delegado (no era argentino) el pasto del parque de nuestra comunidad tiene muy largo el pasto, deberíamos cooperar todos para cortarlo entre todos, y yo le comenté que me encantaría poderlo cortar, pero que el parque era demasiado grande, y además era responsabilidad del ayuntamiento. Y me dijo, que antes él vivía en un fraccionamiento muy "cool" de 20 casas, y tenían un área verde pequeñita, pero que siempre la mantenían muy bien cuidada.

Y que además ellos cada mes, daban una cuota de mantenimiento.

Fue en ese momento, que me pude dar cuenta que mi vecino no tenía muy claras las diferencias entre fraccionamiento y condominio.

En otra ocasión, muchos años después siendo presidente de una asociación de colonos, un vecino extranjero me dijo que México le encantaba, porque no había reglas, y que era un país casi sin ley, que él podía construir lo que quisiera y donde quisiera.

Le sonreí, y le dije que NO, que en México si teníamos leyes y reglamentos, pero dependían mucho del tipo de lugar donde el fuera a vivir, podía ser un condominio, un fraccionamiento, un ejido, una unidad habitacional, etc. (puso cara de ¿What? También).

Nuevamente me di cuenta, que tanto los nacionales como los extranjeros, no teníamos muy claro las diferencias de vivir en un lado o en otro, que no entendíamos nada de usos de suelo, de alturas, de densidades, ni de intensidades, ni las diferencias entre un fraccionamiento, y un condominio.

Pero también me pude dar cuenta que nadie te lo explica, y el que intenta explicarlo lo hace de una forma muy complicada, como para que nadie entienda nada.
(para que parezca muy complicado y sofisticado el asunto)
¿apoco no?

Y así es como desafortunadamente van devaluándose muchas comunidades, porque no hay orden, con problemas entre vecinos, porque todos tienen muchas dudas de muchos temas, (pero todos hacen como que si saben), y al final dicen: Yo mejor me voy a cambiar de aquí, a un fraccionamiento donde si este más "cool", (nunca se cambian), y el que se llega a cambiar de pura casualidad, regresa diciendo, como extraño esta vivienda, porque allá si están muy mal.
 Y así es un círculo vicioso que nunca termina.

Po eso me decidí a escribir este libro, de fraccionamiento o condominio, y de esta manera aportar un granito de arena a este gran país que tanto quiero, y principalmente a los futuros compradores o arrendadores de su vivienda.

Para tratar de aportarles de la manera más sencilla y simple un poco de mis conocimientos que he tenido durante todos estos años como delegado municipal y presidente de una asociación de colonos.

También será de gran ayuda para los presidentes municipales (alcaldes en Cdmx), para los desarrolladores, para las autoridades auxiliares, para los presidentes de las asociaciones de colonos, administradores de condominios, etc.

Y de esta manera se pongan las pilas todos, para intentar mejorar siempre los fraccionamientos y condominios, por el bien de nuestro querido México.

¿QUÉ ES UN FRACCIONAMIENTO?

Voy a intentar explicarlo de una manera sencilla y muy simple, un fraccionamiento es un terreno de grandes dimensiones (10,000 m2 o más), que adquiere un desarrollador, y lo lotifica (divide en pequeñas partes), pero por lo regular tiene el desarrollador que donar áreas verdes al ayuntamiento, y tiene que construir servicios de infraestructura urbana por ejemplo: las calles, las avenidas, ponerle una red de agua y drenaje, hacer un pozo de agua, poner red eléctrica y postes, poner alumbrado público, hacer una escuela , poner nomenclatura (nombre a las calles), incluso algunos fraccionamientos pueden ser tan grandes, que algunos los dividen en manzanas, y pueden llegar a tener hasta 40 manzanas o más.

Una vez finalizados los fraccionamientos, son entregados al municipio a través de un acta de entrega recepción, y en ese momento las áreas comunes son propiedad del ayuntamiento, y el ayuntamiento se tiene que hacer responsable de ellas.

Por lo regular tienen varias salidas o entradas, pero también en la actualidad ya existen fraccionamientos con entrada y salida únicas (por temas de seguridad).

¿QUÉ TIPOS DE FRACCIONAMIENTOS EXISTEN?

En México actualmente existen varios tipos de fraccionamientos (puede variar el nombre o las características según el estado), pero en general son los siguientes:

* HABITACIONALES

  - Residenciales

  - Tipo medio

  - Interés Social

  - Campestre

  - Mixtos

* INDUSTRIAL

* FRACCIONAMIENTO DE CONDOMINIOS (este es más actual)

NOTA: En este libro más adelante nos centraremos en los fraccionamientos de tipo Habitacionales.

¿Vives en un fraccionamiento, según las características anteriores?

¿Hay alguna escuela en tu fraccionamiento?

Cuando tu suegro te dice, Yerno construye tu casa en mi terreno, y luego lo fraccionamos ¿Crees que es la forma correcta de hacer un fraccionamiento?

¿QUÉ ES UN CONDOMINIO?

De igual manera trataré de explicarlo de la manera más sencilla y simple, un condominio es un terreno (no tan grande como un fraccionamiento), donde el desarrollador de igual forma tiene que hacer servicios de infraestructura urbana, por ejemplo: calles, poner alumbrado público, poner agua y drenaje, etc.

Al principio parecen muy similares los fraccionamientos y condominios, pero a diferencia de los fraccionamientos, normalmente los terrenos en régimen de condominio, tienen una sola salida o entrada, esta vigilada, tienen áreas comunes y todos los propietarios son dueños (en cierta forma) de esas áreas comunes.

En un condominio el desarrollador, tiene que dejar inscrito en el registro público de la propiedad, que esa propiedad quedara en régimen de condominio

En un condominio los propietarios tienen que aportar una cuota mensual para mantenimiento de las áreas comunes.

PREGUNTAS PARA REFLEXIONAR:

¿En tu condominio entra la policía municipal a dar rondines, o es vigilancia privada?

¿En tu condominio, quien paga el alumbrado público?

¿En tu condominio pagas una cuota mensual fija?

¿QUÉ TIPOS DE CONDOMINIO EXISTEN?

En México actualmente existen varios tipos de condominio:

- POR SU FORMA DE CONSTRUIR

  - HORIZONTAL (varios lotes uno junto al otro)
  - VERTICAL (un mismo terreno, pero con varios pisos)

- **POR SU USO DE SUELO**

  - HABITACIONAL   (interés social, residencial,
    campestre, etc.)
  - COMERCIAL   (centro comercial)
  - SERVICIOS   (consultorios)
  - INDUSTRIAL   (varias fábricas)
  - MIXTOS   (departamentos y tiendas)
  - ETC.

PREGUNTAS PARA REFLEXIONAR:

¿Conoces algún condominio de tipo mixto?

¿Conoces algún condominio de tipo industrial?

¿Dónde vives, es condómino horizontal o vertical?

¿Conoces algún condominio de servicios únicamente?

¿PROPIEDAD PRIVADA O EJIDO?

En México actualmente existen dos formas de demostrar que alguien es el dueño de un predio.

PROPIEDAD PRIVADA: voy a tratar de explicarlo de una forma muy simple y sencilla, Es cuando la persona tiene escrituras de ese predio (las escrituras no son un contrato de compra-venta) ni, aunque traigan el sello del delegado municipal son las escrituras.

NOTA: En una ocasión como autoridad auxiliar, me tocó ver que una señora, me decía que ella tenía las escrituras de una casa, y me mostraba el contrato de compra venta con un sello del delegado municipal de aquellos años. Y la señora me decía que ¿cómo no iban a ser esas las escrituras? si venían firmadas por el delegado.

Las escrituras deben estar inscritas en una oficina del gobierno que se llama "Registro público de la propiedad", y el nombre que esté ahí registrado en esa oficina, es el que es el dueño.

Y solo el dueño es el que puede venderte tu propiedad. (de cualquier forma, esta es una breve explicación de propiedad privada, para más información en caso de que quieras hacer una compra, renta, etc., debes consultar a un notario)

EJIDO: Igualmente voy a tratar de explicarlo de una manera muy sencilla y simple, el ejido o "terreno ejidal", es asignado a un "ejidatario", pero ese terreno le pertenece al estado. Y para comprobar que ese ejidatario es el asignado por el estado, debe tener los derechos parcelarios, que es un documento que se llama "Certificado parcelario" y ese certificado debe estar registrado en el RAN (registro agrario nacional), y entonces ese documento dice que esa persona es la que tiene el derecho de uso y disfrute de esa parcela.

NOTA: De igual manera esta es una explicación breve, pero si quieres comprar, rentar, etc. un terreno ejidal, acércate a un notario y al comisariado ejidal de la comunidad).

¿Crees que en un terreno ejidal se pueda construir un edificio?

¿Crees que un terreno ejidal, se pueda convertir a propiedad privada?

¿Conoces a alguien que haya comprado un terreno ejidal?

¿Qué es el traslado de dominio en la propiedad privada?

¿Un terreno ejidal, debe pagar predial al ayuntamiento?

Como presidente de la asociación de colonos, y en base a mis experiencias todos estos años, me di cuenta, que actualmente es una pregunta de muchas personas, por eso me decidí a incluir esta pregunta en este libro, ya que el sueño de todos los de la ciudad es vivir algún día en un lugar estilo campestre, y el sueño de muchos de los que viven en el campo es vivir en la ciudad.

Entonces creo que es una buena oportunidad para darte mis experiencias personales, y te puedan servir de apoyo para que tomes la mejor decisión a la hora de elegir donde vivir.

Aunque antes de seguir déjame decirte, que he tenido la oportunidad de vivir en ambos lugares, y los dos tienen sus ventajas y sus desventajas, pero en general las dos formas de vivir son geniales, si las sabes disfrutar.

ALGUNAS VENTAJAS DE VIVIR EN LA CIUDAD

- Tienes una tienda de conveniencia cerca
- Hay centros comerciales cerca
- Hay restaurantes, fondas, franquicias abiertas hasta tarde
- Tienes transporte público más fácilmente
- Hay talleres de autos en todos lados
- Tienes empresas de internet y telefonía
- Las calles normalmente están pavimentadas
- Hay escuelas cerca
- Hay bomberos y ambulancias cerca
- Tienes un hospital cerca
- Aceptan tarjetas de crédito o débito en muchos lugares
- Hay cajeros automáticos en varios lugares
- Hay banquetas y guarniciones
- Hay servicio de taxis
- Hay más fuentes de empleo
- Hay teatros y museos
- Hay gimnasios

- No hay tantos bichos

- Hay más lugares para bailar

- Etc.

ALGUNAS DESVENTAJAS DE VIVIR EN LA CIUDAD

- Hay mucho trafico

- Hay mucha contaminación

- Las personas están muy estresadas

- La vivienda es más cara

- Normalmente las viviendas son más pequeñas

- No se ven las estrellas

- Hay muchos camiones transitando

- Hay mucha gente en los bancos

- Los estacionamientos son más caros

- Hay muchos decibeles en todos lados

- Hay más inseguridad

- Hay aire limpio
- No hay tanto ruido de coches ni camiones
- Puedes ver las estrellas
- Puedes ver vacas, borregos, toros, conejos etc.
- La gente es más amable (no siempre)
- Te invitan a cada rato a fiestas con mole y arroz (a veces guajolote)
- Puedes sembrar tus árboles frutales
- Puedes tener tus patos sin problema
- Puedes organizar la carnita asada con tus cuates
- Los nopales están más frescos

DESVENTAJAS DE VIVIR EN EL CAMPO

- No hay tiendas de conveniencia cerca
- No aceptan tarjetas casi en ningún lado
- No hay transporte publico
- Todo lo cierran muy temprano, o ni lo abren
- Hay muchas calles de terracería

- Hay muchos bichos en todos lados (arañas, víboras, etc.)
- No hay tantas fuentes de empleo
- No hay muchas escuelas.

Como veras, no es tan fácil vivir en el campo, por eso creo que, aunque las dos opciones son muy buenas para vivir, la mayoría de las personas prefieren vivir en la ciudad principalmente por las escuelas y sus trabajos.

Actualmente ya se están construyendo muchos fraccionamientos y condominios afuera de las ciudades.

¿CASA O DEPARTAMENTO?

Hasta esta parte del libro, ya vimos si ¿queremos vivir en un fraccionamiento o condominio?, si queremos ¿comprar o construir en un terreno ejido o propiedad privada?, si queremos que sea ¿en el campo o en la ciudad?, pero ahora viene otra pregunta muy frecuente y es decidir si ¿queremos vivir en casa o departamento?

A lo largo de mi vida he tenido también la oportunidad de vivir en casa y en departamento y aquí te cuento algunas ventajas y desventajas a mi parecer de cada una de ellas.

VENTAJAS DE VIVIR EN UNA CASA

- No tienes que subir tantos pisos escaleras
- No tienes vecinos arriba, ni abajo
- Puedes tener tu jardín
- Tienes tu coche en el garaje de tu casa
- Puedes tener a tu mascota en tu jardín
- Puedes hacer reuniones sin molestar a nadie de abajo.

DESVENTAJAS DE VIVIR EN UNA CASA

- Tienes que pagar todo el mantenimiento del jardín
- Tienes que impermeabilizar tu solo toda la casa
- Es un poco más inseguro, (no hay la vecina "vigilante")

VENTAJAS DE VIVIR EN UN DEPARTAMENTO

- Compartes gastos de mantenimiento
- Normalmente están mejor ubicados
- Son más fácil de limpiar
- Tienes áreas comunes para disfrutar
- Entre vecinos se vigilan

DESVENTAJAS DE VIVIR EN UN DEPARTAMENTO

- Tienes que lidiar con los vecinos
- Tienes un vecino arriba o abajo
- No pues hacer tus fiestas tan seguido
- No puedes tener tus mascotas tan fáciles
- Normalmente no tienes un jardín
- Normalmente son más pequeños que las casas

Como veras, no hay tantas diferencias entre una casa y un departamento, porque todo depende del tipo de casa y del tipo de departamento, hay unos departamentos muy grandes y muy bonitos, y casas pequeñitas y no tan bonitas, etc. hay de todo en la viña del señor (diría mi abuelita).

Pero lo que si queda claro es que ya sea casa o departamento, por lo regular cualquiera de las dos opciones, siempre están dentro de un fraccionamiento o condominio.

Lo que nos regresa a seguir escribiendo del tema para tener más claro cómo funciona cada una de las dos opciones, y puedas decidir cuál es la que más te conviene.

¿CONSTRUIR MI HOGAR O COMPRAR UNO YA CONSTRUIDO?

Esta pregunta también es muy interesante, porque como presidente de la asociación, y como autoridad auxiliar, he tenido la oportunidad de escuchar a muchas personas hacerse esta pregunta durante muchos años.

Dentro de los terrenos que uno puede adquirir están los terrenos libres, que no están ni en fraccionamiento, ni en régimen de condominio, pueden ser ejidos o propiedad privada, en algunos lugares se les conoce como unifamiliares.

He escuchado a muchas personas decir, que tienen un terrenito del abuelo, y van a hacer sus departamentitos, que en uno para que viva la hija, en otro para que viva la nieta, y otro para rentar o por si vienen las visitas.

Pero como ya vimos anteriormente construir una edificación formal en condominio, no es tarea fácil, ya que se requiere de varios permisos, mucho dinero, y paciencia con los trabajadores de la construcción.

Y además esos departamentitos no tendrán calles o la infraestructura como la de un condominio en forma.

O también algunas personas dicen, voy a construir mi casita en un terrenito que tengo, y poco a poco le vamos echando.

Pero cuando se dan cuenta de que el terreno es ejido, o que todos los hermanos y cuñados viven en el mismo terreno del abuelo, que no tienen subdivisión, etc.
Es ahí cuando se desaniman, y muchas veces pierden todo lo que invirtieron, con tal de no aguantar más a la suegra o a los cuñados.

Por eso no recomiendo este tipo de terrenos al menos que los regularicen de la forma correcta.

Pero supongamos que ya encontraste un terreno bien regularizado, y que todo está en orden y decides hacer tu casa, ya sea en un fraccionamiento o en un condominio.

Y de repente te dicen que tienes que checar el uso de suelo, la densidad, la intensidad y la altura permitidas.

Y entonces te preguntas ¿qué es eso?, pues déjame contarte que normalmente las personas en México no tenemos ni idea de que es eso, pero aquí con este libro te explicaré de manera breve y sencilla, lo que significa cada una de esas cosas.

¿QUÉ ES EL USO DE SUELO PERMITIDO DE UN TERRENO?

El uso de suelo, explicado de una forma sencilla y simple, es que tienes que ir al Ayuntamiento de tu municipio (alcaldía en cdmx) y preguntar qué tipo de suelo tiene tu terreno. Entonces ellos te darán un documento donde te pueden decir alguno de estos:

¿QUÉ TIPOS DE SUELO PUEDE TENER MI TERRENO?

- Residencial   (solo puedes construir viviendas)
- Comercial   (puedes construir algún tipo de negocio)
- Industrial   (puedes construir una fábrica)
- Agrícola   (solo para sembrar)
- Etc.

¿QUÉ ES LA DENSIDAD?

Para explicarlo de una manera muy sencilla, es el número de viviendas que puede haber en un predio.

Por ejemplo, una vez siendo presidente de la asociación, una persona quería comprar un terreno, y me decía que le gustaría construir seis cabañitas en ese terreno, a lo cual le explique que por terreno solo se podía construir una casa solamente, y me respondió, que no era posible, que un terreno tan grande no podía desperdiciarse de esa manera.

Le comenté que esas restricciones no las ponía yo, sino que era el municipio a través de desarrollo urbano.

SUGERENCIA: Cuando adquieras un terreno verifica cuantas viviendas puedes construir en ese terreno.

¿QUÉ ES LA INTENSIDAD?

Para explicarlo de una manera sencilla, es el que tan grande puede ser tu casa dentro de ese predio.

Por ejemplo: Ese mismo señor del párrafo anterior, me decía, entonces como no puedo construir seis cabañitas, voy a construir una cabaña grandota, para poder rentarle a seis familias diferentes, y así solo parece que fuera una sola cabaña.

Le respondí, que No, que eso tampoco se podía, porque los terrenos ahí solo permiten construir el 30% del total del predio, y el otro 70% debería ser de área verde.

Y que tampoco esas reglas las había puesto yo, que todas esas reglas ya están impuestas desde hace mucho por desarrollo urbano.

En ese momento el señor ya estaba comenzando a enfadarse, porque tampoco podía a hacer eso.

SUGERENCIA: Cuando compres un terreno, tienes que verificar la intensidad permitida, en este ejemplo anterior era un 30% de construcción y un 70% de área verde, pero en cada municipio o alcaldía, es diferente y depende el terreno, la zona, etc.

Entonces antes de comprar verifica que intensidad permitida tiene, para que no se te venga tu plan de negocio abajo.

¿QUÉ ES LA ALTURA?

Igualmente, trataré de explicarlo de una forma muy sencilla, y aunque con el nombre se sobreentiende a que se refiere, la altura es la altura permitida que tiene ese terreno para construir.

Por ejemplo, con el señor de los ejemplos anteriores, me decía como no puedo hacer seis cabañas, ni tampoco una cabaña enorme, pues voy a hacer un edifico de seis pisos de cabañas y ahora si me los friego, ahí si no me pueden decir nada.

A lo cual le respondí, que tampoco, que todos los terrenos en su uso de suelo, densidad, intensidad y tenía otra cosa que era la altura permitida, y en el caso de ese terreno solamente tenía autorizados de altura, dos niveles o 9 metros (incluido el tinaco), lo que fuera primero.

En ese momento el señor enfureció, y me dijo que yo no quería que el progresara, que su compadre le había vendido ese terreno y que le dijo que él podía construir lo que él quisiera en ese terreno.

Le explique nuevamente que no eran mis reglas, que yo no las había puesto, que eran las normas permitidas para ese tipo de terrenos por parte desarrollo urbano.

Al final el señor después vendió ese terreno, y ya no construyó nada.

SUGERENCIA: Cuando compres un terreno, y para evitarte muchos problemas, antes verifica en tu ayuntamiento o alcaldía, que uso de suelo tiene ese terreno, o que densidad, intensidad y que altura tiene permitidos.

PREGUNTAS PARA REFLEXIONAR

¿Sabías que los terrenos tienen un uso de suelo especifico?

¿Si el terreno tiene un uso de suelo habitacional, puedes hacer un negocio?

¿Puede haber terrenos con uso de suelo mixto?

¿Conoces alguna zona de casas, donde de repente hay un edificio enorme?

¿Puedo sembrar mis tomates, en una zona habitacional?

¿Puedo tener mis caballos en una zona habitacional?

Hasta esta parte del libro supongamos que ya analizaste todo bien, y decidiste que tu nuevo hogar sea dentro de un fraccionamiento o en un condominio.

Ahora tendremos que analizar cómo se vive en cada una de esas dos opciones, y comencemos con el fraccionamiento.

Como había explicado anteriormente, en este libro nos centraremos en los fraccionamientos de tipo habitacional tradicionales.

¿QUIÉN REGULA LAS NORMAS DENTRO DE UN FRACCIONAMIENTO?

Ya compraste o construiste tu casa dentro de un fraccionamiento, ahora ¿Cómo sabes cuales son las reglas del juego?, ¿Quién es el jefe del fraccionamiento? o ¿Con quién me puedo quejar? etc.

(si se supone que ya no puedo quejarme con el fraccionador, porque ya entregó)

Los fraccionadores por norma, después de un tiempo, ya que esté terminado el fraccionamiento, lo tienen que entregar al Ayuntamiento, (a través de un acta de entrega recepción), entonces ya una vez entregado el fraccionamiento al ayuntamiento, en ese momento el ayuntamiento es el responsable de todos los servicios públicos.

Y normalmente el ayuntamiento coloca en su bando municipal, las diferentes delegaciones en las que se divide el municipio. Y en una de esas delegaciones, debe de estar el nombre de tu fraccionamiento.

Entonces a partir de ese momento, los nuevos representantes de tu fraccionamiento ante el ayuntamiento, son los delegados municipales o "autoridades auxiliares".

Y las autoridades auxiliares para saber las reglas del juego, se basan en lo que en los municipios se llama "El bando de policía y buen gobierno, o bando municipal".

Entonces para que tu sepas las reglas del juego también, debes conocer principalmente el bando municipal de tu municipio o alcaldía, y aparte los reglamentos, etc.

¿QUÉ ES EL BANDO MUNICIPAL?

Si vives en un fraccionamiento, es muy importante que conozcas el bando de policía y buen gobierno, o también conocido como bando municipal, ya que es el principal ordenamiento jurídico (un libro pequeño), que funciona como si fuera una constitución chiquita en cada municipio, el cual se publica cada 5 de febrero, ahí vienen muchas cosas interesantes acerca de tu municipio. Su historia, su himno, como se organiza tu municipio territorialmente, la población, te dice quienes gobiernan en ese periodo, las faltas administrativas (lo que no puedes hacer) y sus sanciones, etc. Se puede decir que es el libro de las reglas del juego en cada municipio. Si no te lo dan o no lo consigues físicamente, lo puedes descargar en la página web de tu municipio, y además ayudas a que se talen menos árboles. En el caso especial de la CDMX le llaman programa de gobierno. (aunque es diferente). Cuando fui autoridad auxiliar, les preguntaba a algunos vecinos ¿si sabían lo que era el Bando municipal?, y algunos me respondieron que sí, que habían venido a tocar al parque hace ya algunos años.

Ahí fue donde me di cuenta que la gente en general no tenemos ni idea de lo que es el bando municipal, ni quien lo publica, ni donde se publica.

El bando municipal lo modifican cada año, el presidente municipal, junto con los regidores, y le van agregando o quitando artículos según las necesidades de cada comunidad. (tú como ciudadano puedes sugerir que le pongan o modifiquen artículos). Creo que, si cada persona conociera el bando municipal de su municipio, ayudaría a que todos viviéramos más organizados, y sin menos pleitos. Porque yo lo veo como si fuera un juego en donde todos jugamos, pero que casi nadie se sabe las reglas del juego. (entonces imagínate el relajo que hay en un juego, donde nadie se sabe las reglas).

¿ENTONCES QUIÉN ES EL ENCARGADO DE CAMBIAR O REPARAR LA LAMPARA DE ALUMBRADO PÚBLICO, AFUERA DE MI CASA?

Normalmente las personas que viven en un fraccionamiento, piensan que las lámparas del alumbrado público que están en los postes de luz, afuera de sus casas, las tiene que cambiar CFE (Comisión federal de electricidad), pero No, no es así como funciona.

CFE solamente es responsable de generar la energía, para que pueda encender esa lampara, pero la lampara la debe cambiar o reponer el ayuntamiento o alcaldía, que para eso recibió el fraccionamiento.

Lo que puedes hacer para solicitar que te la cambien o reparen, es reportarla con la autoridad auxiliar de tu fraccionamiento, y el tendrá que ingresar el oficio correspondiente para solicitar se repare.

¿Sabías que las lámparas de la calle, las cambia el ayuntamiento y no CFE?

¿Sabes quién es la autoridad auxiliar en tu fraccionamiento?

¿Sabías que, en tu recibo de luz, pagas un 10% por DAP?

¿Sabes que significa DAP?

¿Si tienes alumbrado público solar, debes de seguir pagando el DAP?

¿QUIÉN ES EL RESPONSABLE DE RECOLECTAR MI BASURA SI VIVO EN UN FRACCIONAMIENTO?

Al igual que en el tema anterior, la basura que se genera dentro del fraccionamiento, el responsable de recolectarla debe ser el ayuntamiento o la alcaldía.

En algunos municipios de México, loas ayuntamientos cobran una cuota anual para el sistema de recolección de basura.

Y en caso de que no pase el camión recolector, el responsable de reportarlo es la autoridad auxiliar de tu fraccionamiento.

PREGUNTAS PARA REFLEXIONAR:

¿En tu fraccionamiento cuantos días a la semana pasa el camión de la basura?

¿En tu fraccionamiento le debes dar propina al señor de la basura?

¿En tu fraccionamiento el de "fierro viejo que venda" se lleva la basura también?

¿Sabes a donde va a parar la basura que todo tu fraccionamiento genera?

¿En tu fraccionamiento usan contenedores, para separar la basura?

¿QUIÉN ES EL RESPONSABLE DE BACHEAR TODAS LAS CALLES DE MI FRACCIONAMIENTO?

Por lo regular, como los fraccionamientos son enormes, tienen muchas calles y avenidas, y los responsables de bachear todas las calles o avenidas, son los del ayuntamiento o alcaldía.

Pero lo tienen que solicitar las autoridades auxiliares de tu colonia.

PREGUNTAS PARA REFLEXIONAR:

¿En tu fraccionamiento hay muchos baches en las calles?

¿Cuánto tiempo es lo máximo que ha durado un bache en tu fraccionamiento?

¿Sabes por qué bachean con asfalto y no con cemento?

¿Sabías que, si las calles se inundan, dañan el asfalto más rápido?

¿Crees que deberíamos acostumbrarnos a vivir con los baches siempre?

¿QUIÉN ES EL RESPONSABLE DE LA SEGURIDAD PÚBLICA DE MI FRACCIONAMIENTO?

Normalmente en todos los fraccionamientos la seguridad pública, es responsabilidad del ayuntamiento o alcaldía, ya que al ser muy grandes no tienen bardas y se requieren de rondines y de varias patrullas en diferentes horarios.

Y si llegara a haber algún robo, la policía municipal es la que está facultada para detener a los ladrones.

Pero en muchas ocasiones la policía municipal no da los rondines que tienen que dar, y el encargado de solicitar los rondines es la autoridad auxiliar de tu colonia.

¿En tu fraccionamiento cuantas veces al día pasa la patrulla municipal a dar rondines?

¿En tu fraccionamiento has participado en alguna reunión de seguridad pública?

¿En tu fraccionamiento existen cámaras de videovigilancia del ayuntamiento?

¿Sabes qué diferencia hay entre la policía municipal y la estatal?

¿En tu fraccionamiento pasa algún policía en bici, para pedir para el refresquito?

¿QUIÉN ES EL RESPONSABLE DE REPARAR ALGUNA FUGA DE AGUA DENTRO DE MI FRACCIONAMIENTO?

Recordemos que cuando el fraccionador entregó al ayuntamiento el fraccionamiento, incluye también su pozo de agua, su red hidráulica y su red de drenaje, por lo tanto, el ayuntamiento o alcaldía es el responsable de reparar las fugas de agua que existen dentro del fraccionamiento, como también reparar la bomba, cuando se descompone en el pozo de agua del fraccionamiento.

PREGUNTAS PARA REFLEXIONAR:

¿Conoces en tu fraccionamiento donde está ubicado el pozo de agua?

¿En tu fraccionamiento cobran el agua con medidor, o pago anual?

¿En tu fraccionamiento cuanto tiempo tardan en reparar una fuga de agua?

¿Has visto que alguna autoridad infraccione a alguien por desperdiciar agua?

¿En tu fraccionamiento te han mostrado alguna vez, alguna prueba de la calidad del agua que consumen diariamente?

¿QUIÉN ES EL RESPONSABLE DE CORTAR EL PASTO DEL PARQUE O AREAS COMUNES DE MI FRACCIONAMIENTO?

El responsable de podar el pasto del parque de tu fraccionamiento, o de las áreas comunes es directamente el ayuntamiento.

Por eso normalmente cuando vamos a un fraccionamiento todos los parques tienen el pasto grande, o las calles no están muy limpias que digamos, porque los ayuntamientos designan una brigada de barrenderos cada "X" tiempo.

En el caso de mi fraccionamiento, cuando era autoridad auxiliar, designaban la brigada dos veces por año, lo cual la verdad era insuficiente, porque en época de lluvias a las dos semanas ya estaba enorme el pasto.

¿En tu fraccionamiento cada cuanto tiempo podan las áreas verdes o comunes?

¿En tu fraccionamiento te han pedido cooperación para podar el parque?

¿En tu fraccionamiento cada cuanto tiempo podan los arboles?

¿En tu fraccionamiento te han pedido hacer faena con los vecinos para cortar el pasto?

Esa pregunta actualmente es la que causa muchas confusiones en todo México, pero déjame contarte que es lo que pasa.

Efectivamente las personas que habitan en un fraccionamiento tradicional, no tendrían que pagar nada, más que sus gastos individuales correspondientes como son: agua, predial, luz, gas, tv. Etc.

Ya que una de las características principales de un fraccionamiento, es que el ayuntamiento, debe pagar por todo ese mantenimiento de las calles, el alumbrado público, reparación y pintado de guarniciones y banquetas, fugas de agua, poda de áreas verdes comunes, etc.

Pero en la actualidad debido a la falta de recursos, capacidad operativa, capacidad intelectual, o simplemente falta de interés de los ayuntamientos, ha cambiado un poco esto, y los vecinos se están organizando de otras maneras para mantener su fraccionamiento de la mejor manera posible.

EN UN FRACCIONAMIENTO TODOS LOS CABLES DE LUZ, TELÉFONO, INTERNET, Y SERVICIOS DE T.V ¿VAN POR LOS POSTES DE LUZ?

Normalmente como los fraccionamientos son muy grandes, y hay muchas casas, tienen que tender la red eléctrica a través de postes de luz, y las empresas que te dan servicios de internet, teléfono, etc. no tienen otra opción por donde pasar los cables, es por esta razón, que en muchos fraccionamientos vemos un montón de cables por todos lados.

¿En tu fraccionamiento se ven los cables por todos los postes de luz?

¿En tu fraccionamiento han realizado alguna vez limpia de cables?

¿Crees que el ayuntamiento debería de poner orden con tantos cables?

¿Crees que cada empresa que te otorga un servicio y pone cables hasta tu hogar, al terminar la relación de su servicio, debería ir a quitar los cables y dejar limpio?

Entonces hasta aquí, ya queda claro que los servicios públicos en los fraccionamientos tradicionales, son responsabilidad del ayuntamiento o alcaldía, y que lo debe de gestionar la autoridad auxiliar de mi fraccionamiento.

¿PERO QUÉ PASA SI LA AUTORIDAD AUXILIAR DE MI FRACCIONAMIENTO NO GESTIONA NADA, PORQUE NO TIENE TIEMPO?

Esa pregunta se la hacen millones de mexicanos diariamente, porque muchas personas viven en fraccionamientos, pero todos los días pasan y ven baches, calles sucias, parques sin podar, fugas de agua, lámparas fundidas, etc.

Entonces cuando pasa eso, tienes la opción de ir a gestionar personalmente al ayuntamiento o alcaldía, o participar directamente para intentar cambiar a la autoridad auxiliar de tu fraccionamiento, ya que no está haciendo bien su labor.

NOTA: Te recomiendo leer, el libro de "Autoridades Auxiliares" la forma de mejorar realmente México, para conocer más del tema.

Por lo regular son cada tres años, es el tiempo que dura cada ayuntamiento, pero en algunas comunidades puede variar.

Pero lo ideal es que sea cada 3 años, para que todos tengan la oportunidad de participar. (incluso te invito a que estés al pendiente de la próxima convocatoria, y te animes a participar)

Normalmente cuando termina un delegado propietario su gestión, ya no puede reelegirse para el mismo puesto, y el que está de su suplente ahora es el que se propone para delegado propietario y así es cómo funciona, el problema es que luego hay comunidades que llevan haciendo esto durante muchísimos años, por ejemplo, cuando yo participé por primera vez, la delegada y su esposo de mi fraccionamiento, llevaban como 15 años en el mismo puesto.

Entonces en una convocatoria participaba ella, y en la otra su esposo, y así iban cambiando de puesto durante más de 15 años, con el argumento de que nadie quiere participar, entonces otra vez quedaban ellos.

¿QUIÉN REGULA LAS NORMAS DENTRO DE UN CONDOMINIO?

Ya compraste o rentaste dentro de un condominio, pero ahora como saber ¿Quién es el jefe del condominio?, o ¿Quién es el que pone las reglas? O ¿Con quién me puedo quejar?, etc.

Déjame explicarte de una manera simple y muy sencilla, lo que a grandes rasgos hacen los desarrolladores del condominio, por regla también tienen que entregar al municipio, pero antes también tienen que dejar estipulado en las escrituras del terreno, que ese terreno tendrá un régimen de propiedad en condominio.

Entonces, te preguntaras que, si lo entrega al municipio, ¿entonces el municipio también se hace cargo de los servicios públicos?

A diferencia del fraccionamiento, los condominios tienen que hacerse responsables de su mantenimiento interno.
Y aunque el Ayuntamiento también los coloca en el bando municipal, reconociéndolos como condominio.

Entonces a partir de ese momento, los nuevos representantes de tu condominio ante el ayuntamiento o las autoridades auxiliares de tu comunidad, son los administradores del condominio. (administrador o comité de administración)

Y los administradores para saber las reglas del juego, se basan en lo que se conoce popularmente como "Ley de condóminos".

Entonces para que tú también sepas las reglas del juego, debes conocer principalmente la ley de condóminos de tu estado, y adicionalmente también el bando municipal de tu municipio o alcaldía, y aparte los reglamentos, etc.

¿QUÉ ES LA LEY DE CONDOMINOS?

De igual manera trataré de explicarlo de una forma general muy sencilla y simple, La ley de propiedad de condominios es la que regula las relaciones entre los vecinos, que en este caso se les llamará "condóminos" para tener una correcta administración, y se establecen claramente las bases de convivencia, que después servirán para posibles problemas que puedan suceder en el futuro.

Cada estado de la república mexicana, tiene su propia ley de propiedad en condominio, o popularmente conocida como "ley de condóminos", (tienes que checar la ley que te corresponde)

Además de esa ley de condóminos, tienes que checar la escritura constitutiva, donde establecen los estatutos, también tienen un reglamento interno del condominio, (no te salvas del bando municipal tampoco) porque también lo tienes que tener en cuenta.

Entonces se dice que el órgano máximo o supremo es "la asamblea", (pero eso que significa), significa que se reúnen todos los vecinos dueños de las casas o departamentos, y hacen su junta (que puede ser ordinaria o extraordinaria) Y ya estando todos juntos felices y alegando (normalmente así es), tiene que estar el administrador, pero también tiene que estar el comité de vigilancia.

Y ya entrados en la asamblea, y si en algo no estuvieran de acuerdo los vecinos, para eso existen las "procuradurías municipales" que son representadas por el síndico municipal en cada municipio.

Obviamente que esta explicación ha sido muy sencilla y tratando de que sea lo más digerible posible, porque las leyes son enormes y cada estado tiene la propia. Pero si te vas a vivir a un condominio, si te recomiendo checar las leyes, reglamentos etc. para que vivas lo mejor posible y no tengas sorpresas después. Por lo mientras nos quedamos con esta definición para poder seguir explicando el tema.

En este caso no es como en los fraccionamientos, que le corresponde al ayuntamiento, aquí le corresponde al administrador del condominio, estar al pendiente de todas las lámparas que estén funcionando adecuadamente dentro del condominio.

El administrador puede ir proponiendo nuevos tipos de lámparas, para reducir el gasto de la energía, porque todas esas lámparas dentro de un condominio, llegan a un medidor, y se tiene que pagar bimestralmente a CFE.

PREGUNTAS PARA REFLEXIONAR:

¿Cuánto paga tu condominio de alumbrado público, a CFE?

¿Cuántas lámparas tiene tu condominio aproximadamente?

¿Han pensado colocar alumbrado público solar en tu condominio?

En el caso de los condominios, normalmente tienen un área especial de contenedores para recolectar la basura de todos los condóminos, o contratan un servicio particular de basura, o incluso algunas veces le pagan al camión de la basura del ayuntamiento, para que recolecte la basura del condominio.

Depende mucho del tamaño del condominio, hay algunos pequeños y otros muy grandes.

En el caso de los grandes condominios, ponen varias áreas de contendedores.

Todos estos gastos, se cubren con las cuotas mensuales que pagan todos los condóminos.

PREGUNTAS PARA REFLEXIONAR:

¿En tu condominio pasa el camión de basura, o tienen contendores?

¿En tu condominio separan la basura en orgánico, inorgánico y sanitarios?

¿Sabes cuánto paga el administrador mensualmente al servicio de recolección de basura?

¿QUIÉN ES EL RESPONSABLE DE BACHEAR TODAS LAS CALLES DE MI CONDOMINIO?

En el caso de los condominios, el responsable de bachear o reparar las calles de adentro del condominio, es el administrador.

Todos estos gastos se hacen con los pagos mensuales que hacen los condóminos.

Normalmente como bachear o reparar una calle, es bastante caro, se hace una asamblea y se solicita una cuota extraordinaria para poder reparar las calles.

En lo personal creo que ese es un problema grande, porque con el paso del tiempo las calles se van deteriorando, y ya pasados unos 20 años, los dueños no son los mismos cuando comenzó el condominio.

Y normalmente las nuevas generaciones no quieren cooperar, o se les hace muy elevado los costos, etc.

PREGUNTAS PARA REFLEXIONAR:

¿En tu condominio hace cuanto que no reparan las calles?

¿En tu condominio tienen algún fondo extra para reparar las calles?

¿Las calles de afuera del condominio, también las tiene que reparar el administrador?

¿QUIÉN ES EL RESPONSABLE DE LA SEGURIDAD PÚBLICA DE MI CONDOMINIO?

Normalmente en los condominios, solo tienen un acceso de entrada y salida, que incluye su caseta de vigilancia, los vigilantes normalmente son contratados por una empresa de seguridad privada.

En condominios pequeños, tienen un portero, contratado por el administrador.

El problema en este tema, es que mucha gente no sabe que en caso de que hubiera un ladrón dentro del condominio y lo detuvieran, estos guardias de seguridad privada, tienen forzosamente que llamar a la policía municipal, para proceder a la detención. (pero ese es otro tema muy largo).

En algunos condominios no tan grandes ponen al vigilante algunas veces a lavar los coches de los condóminos, para que tenga algo que hacer, lo cual causa conflictos entre los condóminos.

PREGUNTAS PARA REFLEXIONAR:

¿En tu condominio tienen vigilancia privada, o es un portero?

¿En tu condominio sabes cuánto le pagan al vigilante cada semana o si le dan prestaciones?

¿Un condominio puede tener policía municipal vigilándolos?

¿QUIÉN ES EL RESPONSABLE DE REPARAR ALGUNA FUGA DE AGUA DENTRO DE MI CONDOMINIO?

En este tema del agua, normalmente los condominios se surten de la red municipal de agua, entonces hay que pagarle al municipio el agua directamente.

En caso de haber una fuga de agua, hay que llamarle al municipio.

Una vez un amigo me decía que, en su condominio, todavía el fraccionador era el que tenía el pozo del agua, y que, si hay una fuga, eran los desarrolladores los que la reparaban, que no era l municipio.

Y efectivamente pude pasar esta situación, pero es por el motivo de que el desarrollador, todavía no entrega el condominio al municipio.

PREGUNTAS PARA REFLEXIONAR:

¿En tu condominio han tenido fugas de agua, y quien las repara?

¿En tu condominio quien paga el agua de las áreas comunes?

¿En tu condominio tienen cisterna, o llega el agua directo de la red?

¿QUIÉN ES EL RESPONSABLE DE CORTAR EL PASTO DEL PARQUE O AREAS COMUNES DE MI CONDOMINIO?

Normalmente en los condominios, aunque el desarrollador tiene que donar áreas verdes al municipio, pero son los mismos condóminos los que le dan mantenimiento a sus áreas verdes.

Porque si esperaran a que llegue el ayuntamiento, siempre estarían horribles.

Entonces por eso normalmente en los condominios, siempre sus áreas verdes están bien cuidadas, a diferencia de los fraccionamientos.

PREGUNTAS PARA REFLEXIONAR:

¿En tu condominio cuantos jardineros tienen?

¿En tu condominio cuanto se le paga semanalmente a cada jardinero, y si tienen prestaciones?

¿Si yo no uso las áreas verdes, de todas formas, tengo que contribuir para que se poden?

¿Realmente están conservadas y bien podadas las áreas verdes de mi condominio?

ENTONCES SI VIVO EN UN CONDOMINIO, ¿DEBO PAGAR ALGUNA CUOTA?

Efectivamente, una de las principales características de vivir en régimen de condominio, es que se tiene que pagar una cuota mensual fija, determinada por la asamblea (los vecinos).

Normalmente al inicio del condominio, todos los vecinos son muy amables y todos dice que la cuota establecida, está muy bien que es correcta.

Pero al paso del tiempo y de las circunstancias, empiezan a quejarse de que están muy caras, de que no se hace nada, que el condominio ya le hace falta mantenimiento, etc.

Normalmente en la caseta de vigilancia, (ahora por una app), ponen los estados financieros y la lista de los deudores.

Hay condominios actuales que tienen SPA, alberca, gimnasio, etc. (muchas amenidades), que son muy bonitas, pero con el paso del tiempo hay que darles mantenimiento y es muy costoso.

Entonces es cuando comienzan las discusiones, de que, si "x" vecino usa más la alberca que otro, que, si el gimnasio nunca lo ha usado, etc.

En algunos condominios cobran la cuota por el número de personas que habitan en el condominio, en algunos otros condóminos cobran por los metros cuadrados que tiene tu vivienda,

En general son bonitos, pero antes de decidirte, solo tienes que checar esa situación.

Normalmente en los condominios, como no son tan grandes como los fraccionamientos, los arquitectos e ingenieros, diseñan las calles con tubería subterránea, para ocultar los cables de teléfono, de luz, de internet, etc.

Aunque también llega a haber condominios muy grandes, y a veces si es necesario poner postes de luz, pero ya depende mucho del nivel de condominio, y de lo grande o pequeño que este sea.

Pero también a veces existe el problema de que cuando el desarrollador, diseñó el condominio solo hizo el contrato con "x" empresa de internet, y esa empresa es la que invierte y mete la tubería dentro del condominio, y con el paso del tiempo tú si quieres seleccionar otra compañía, ya no te permiten porque la tubería la puso la competencia.

PREGUNTAS PARA REFLEXIONAR:

¿En tu condominio hay tubería subterránea, o están los cables por afuera?

¿En tu condominio puedes contratar con cualquier empresa de internet y tv?

¿En tu condominio el administrador verifica las instalaciones de esas empresas?

¿LA AUTORIDAD AUXILIAR Y EL PRESIDENTE O ADMINISTRADOR DE CONDÓMINOS ES LO MISMO?

En la actualidad en México estamos teniendo un gran crecimiento de condominios, tanto verticales como horizontales y mixtos, esto por la falta de terreno y además porque cada vez queremos construir lugares, más cerrados, con más seguridad, más exclusivos, etc.

Pero normalmente la autoridad auxiliar y el administrador, o el presidente de la mesa directiva de un condominio, aunque parecieran similares sus funciones, en realidad son diferentes, ya que la autoridad auxiliar de una comunidad gestiona los problemas de la calle, (lo que está afuera del condominio) que es propiedad del municipio, y lo gestiona ante el mismo ayuntamiento, y el administrador del condominio, gestiona antes sus vecinos el problema de la calle o calles que están dentro de su condominio.

Aunque también puede el administrador del condominio, ir a gestionar lo de afuera de su condominio, en caso de que la autoridad auxiliar hiciera caso omiso.

Hasta esta parte del libro, ya hemos visto las características de cada una de las dos principales figuras de vivir en México.

Ahora describiré brevemente y de una forma sencilla según mi experiencia vivida en diferentes fraccionamientos y condominios, las ventajas y desventajas de cada una de ellas.

Aunque realmente pueden variar demasiado, porque dependen de muchos factores a considerar, como el tipo de fraccionamiento o condominio.

Ya que recordemos que, en México, existen varios tipos de condominios y de fraccionamientos (los mencionados anteriormente).

Pero al final, las desventajas de uno, pueden ser las ventajas de otro, todo depende de cuales sean tus gustos y necesidades.

Pero en general son estas las ventajas y desventajas.

VENTAJAS DE VIVIR EN UN FRACCIONAMIENTO

- No pagas cuota de mantenimiento (normalmente)
- Cuentas con parques y canchas más grandes
- Tienes calles y avenidas para caminar dentro del fraccionamiento
- En algunos casos puedes modificar el color de tu casa
- En algunos casos puedes construir a tus necesidades y modificar la fachada
- Tu eres el responsable únicamente de tu jardín
- Cuentas con rondines de la policía municipal
- Normalmente puedes contratar a todas las empresas de servicios (teléfono, internet, cable, etc.)
- Puedes sacar a tu perro y nadie te dice nada
- Entra el de los tamales
- Tienes tu propio estacionamiento.
- (aquí puedes agregar más)
-

DESVENTAJAS DE VIVIR EN UN FRACCIONAMIENTO

- Al ser más grandes, es más difícil el tema de seguridad
- En los parques y canchas normalmente no está cortado el pasto
- Algunos modifican sus fachadas y se pierde la armonía del fraccionamiento.
- Están más desorganizados (no siempre)
- Hay muchas más viviendas
- Hay más ruido
- Se ven todos los cables en los postes de luz
- Entra el de los tamales
- Entra el del fierro viejo que venda
- Hay muchos perros sueltos
- No se respeta el uso de suelo (no siempre)
- (aquí puedes agregar más)
-

VENTAJAS DE VIVIR EN UN CONDOMINIO

- Al tener una sola entrada, son más seguros

- Las Áreas comunes las atiende y cuida el administrador

- Generalmente se encuentran en zonas cercanas al trabajo

- Son más exclusivos

- Las fachadas son más homogéneas.

- Normalmente no se ven los cables de los servicios en los postes

- No entra el de los tamales

- No entra el del fierro viejo que venda

- Los perros traen correa (normalmente)

- Se respeta el uso de suelo

- Todo está más limpio

- (aquí puedes agregar más)

-

DESVENTAJAS DE VIVIR EN UN CONDOMINIO

- Cobran cuota de mantenimiento
- Las áreas verdes son más pequeñas
- Normalmente no hay canchas para hacer deporte (futbol o básquet Ball)
- Las asambleas siempre parecen (un cuadrilátero de box)
- Al ser más pequeños se hace más el chisme (aunque eso en todos lados)
- A veces no se permite las rentas de estancias cortas.
- No entra la policía municipal a dar rondines
- No entra el de los tamales, si tienes hambre, tienes que salir del condominio.
- Te ventilan con todos los vecinos, si te atrasas en las cuotas.
- Tienes que compartir el tanque estacionario. (en algunos casos)
- Tienes que compartir el elevador con otros vecinos
- Tienes que compartir el estacionamiento de visitas
- (aquí puedes agregar más)
-

Hasta esta parte del libro, ya puedes ir decidiendo cuáles son las ventajas y desventajas que más se adaptan a tu estilo de vida.

Pero después de haber visto la lista breve de ventajas y desventajas, todavía te quedaran muchas dudas y preguntas.

Y creo que son las mismas preguntas que me hacían cuando era autoridad auxiliar en mi fraccionamiento, o como presidente de la asociación de colonos.

¿POR QUÉ, SI SOMOS UN FRACCIONAMIENTO, ¿TENEMOS QUE PAGAR CUOTA?

Actualmente, como lo comenté en las páginas anteriores, los fraccionamientos debido a la falta de capacidad (operativa, financiera, intelectual, etc.) de los ayuntamientos, los vecinos se organizan y forman la "ASOCIACIÓN DE COLONOS", la cual es una figura legal, para poder representar a los vecinos del fraccionamiento, y de esta manera apoyar a mejorar las calles, el alumbrado, los parques, etc.

¿QUÉ ES UNA ASOCIACIÓN DE COLONOS FACILMENTE?

Para explicarlo de una manera breve y sencilla, una asociación de colonos es una organización sin fines de lucro (pueden participar los propietarios y los residentes), en donde el objetivo principal es administrar los fondos de las cuotas que aportan mensualmente sus asociados, para hacer más eficientes los servicios que brinda el fraccionamiento, y que el ayuntamiento no ha podido satisfacer.

Esto con el fin de garantizar el desarrollo armónico, mantener la plusvalía, y lo principal, que es mejorar día a día la calidad de vida de los colonos

¿QUÉ DIFERENCIA HAY ENTRE RESIDENTE Y PROPIETARIO?

Como su nombre lo dice, el propietario, es por así decirlo (el arrendador o dueño) de la vivienda, y el residente es el que vive actualmente en la vivienda. (el arrendatario).

¿COMO SE FORMA UNA ASOCIACIÓN DE COLONOS?

Para formar una asociación de colonos, tienes que ir con el notario, (él te explicará a detalle), y deben de constituirse legalmente (tener un acta constitutiva), en donde se nombrará a un presidente, un secretario, y un tesorero, y vocales.

Después debes abrir una cuenta de persona moral en el banco, donde se depositarán las cuotas de los colonos, para hacerlo de la manera más transparente.

Tendrán que realizar sus asambleas, tener su libro de actas, etc.

¿SI SOMOS CONDOMINIO, PODEMOS TENER ASOCIACION DE COLONOS?

Esta pregunta es muy común y muy buena, porque a veces hay muchas confusiones, pero por ley, el régimen de condominio debe tener un administrador, un comité de vigilancia, y se paga una cuota de condómino.

Entonces, la razón por la que muchos condominios forman su asociación de colonos, (en este caso serían también condóminos) es para poder constituirse legalmente, y poder abrir la cuenta bancaria de persona moral, y ahí hacer los depósitos de los condóminos colonos.
Pero el crear la asociación de colonos, no sustituye al régimen de propiedad en condominio.

Es un poco confuso, pero te recomiendo que te acerques a tu notario de confianza, y el será la persona más indicada para explicártelo.

¿PUEDE HABER FRACCIONAMIENTOS DE CONDOMINIOS?

En la actualidad, muchas empresas están desarrollando esta figura de vivienda, ya que han visto que es un (mix), en donde pueden existir los beneficios del fraccionamiento, pero también los beneficios del régimen de condominio al mismo tiempo.

Pues mi querido amigo lector, quiero agradecerte el haber llegado hasta esta página del libro, yo sé que son temas confusos y variados, ya que en nuestro país existen muchos tipos de fraccionamientos, de condominios, de ejidos, de unidades habitacionales, de viviendas unifamiliares, etc.

Y cada día se van creando nuevos estilos, tendencias, etc.

Espero que, con mi experiencia como delegado municipal y presidente de una asociación de colonos durante muchos años, te pueda aportar un granito de arena, a este tema en donde falta mucha información.

Recuerda que este libro, es solo de apoyo, para intentar conocer un poquito más acerca de estos temas, pero lo mejor es que te acerques a tu notario más cercano y te asesores de la mejor manera posible.

Y espero que los ayuntamientos o alcaldías, nos apoyen a los ciudadanos cada día más en estos temas, porque de esta manera, es como vamos a lograr comprenderlos, e intentar vivir felices en nuestras comunidades.

¿CUESTIONARIO PARA VER QUE TAN ORGANIZADOS ESTAMOS COMO SOCIEDAD?

La idea de este cuestionario, es que lo apliques a tus familiares, amigos, vecinos, etc., al que tú quieras, incluso a ti mismo, y sean realmente sinceros en sus respuestas, y al final veremos que tanto conocemos acerca de los FRACCIONAMIENTOS Y CONDOMINIOS.

1.- ¿Conoces el bando municipal de tu municipio o alcaldía?

2.- ¿Conoces la diferencia entre fraccionamiento y condominio?

3.- ¿Conoces al administrador de tu condominio?

4.- ¿Cada cuánto tiempo, se debe cambiar al administrador de mi condominio?

5.- ¿Conoces los estatutos de la Asociación de colonos de tu comunidad?

6.- ¿Conoces el reglamento interno de tu condominio?

7.- ¿Sabes cuál es el máximo órgano responsable en la Asociación de colonos?

8.- ¿Sabes quién es el máximo órgano en el régimen de condominio?

9.- ¿Cada cuando se deben realizar las asambleas ordinarias y extraordinarias?

10.- ¿Qué pasa si alguien no cubre sus cuotas en el condominio, y en la A. C.?

Si contestaste "NO SÉ", por lo menos a 5 preguntas, no te preocupes, casi en todo el país no saben las respuestas correctas.

Por estas razones, son las que creo que todos nos debemos involucrar más como sociedad, para poder convivir de una manera correcta, y poder alcanzar algún día, esa sociedad casi perfecta a la que aspiramos.

ACERCA DEL AUTOR

Cosme Santoveña Velázquez, ha vivido y estudiado en México y España, es licenciado en administración por la UNIVERSIDAD AUTONOMA DEL ESTADO DE MEXICO, diplomado en finanzas, y diplomado en Historias comparadas de desarrollo por el MIDE, fue delegado municipal suplente, delegado municipal propietario, es empresario, inversor, actor, consultor, constructor, autor, y actualmente es el presidente de una Asociación Civil de colonos.

Considerado por muchos como "una voz experta en temas relacionados a autoridades auxiliares y negocios"

Durante todos estos años ha gestionado y apoyado a miles de personas tanto en México como en el extranjero, para que de alguna u otra forma mejoren su calidad de vida.

Cosme Santoveña, actualmente vive con sus patos, es soltero, sin hijos, y dedica la mayoría de su tiempo a tratar de mejorar su entorno.

MUCHAS GRACIAS

AQUÍ PUEDES ANOTAR LAS DUDAS QUE TENGAS,
PARA QUE LE PREGUNTES AL ADMINISTRADOR
DE TU CONDOMINIO, O AL PRESIDENTE DE LA
ASOCIACIÓN DE COLONOS.